ABC der Tiere 3
Arbeitsheft Sprachbuch

Herausgegeben von
Klaus Kuhn

Erarbeitet von
Susanne McCafferty, Kerstin Mrowka-Nienstedt, Alisa Schied

Illustriert von
Heike Treiber

Name: ______________________

Klasse: ______________________

Mildenberger

Inhaltsverzeichnis

Weitere Arbeitsblätter sind im Handbuch (Bestell-Nr. 3402-71) als Kopiervorlagen enthalten.

Die zehn goldenen Klassenregeln

S. 8

1. Ich bin leise.

2.

3.

4.

5.

6.

7.

8.

9.

10.

Schreibe zu den zehn Bildern jeweils die passende Regel.
Die Formulierungen aus der Wolke helfen dir.

nicht spucken (9) Hausaufgaben machen (6) zuhören (5) keine Ausdrücke verwenden (2)
Müll vermeiden und entsorgen (8) mit Spaß arbeiten und anderen helfen (10) ~~leise sein (1)~~
niemanden ausschließen (4) niemandem wehtun (3) niemandem etwas wegnehmen (7)

Was in der Pause alles geschehen kann

S. 10

(Platz für Überschrift)

1. Schreibe eine Geschichte zu den Bildern. Die Wörter unten können dir helfen. Schreibe auch auf, was zwischen den Bildern passiert.
2. Male ein Bild zu deinem Schluss.
3. Finde zu deiner Geschichte eine passende Überschrift und trage sie oben ein.

Die Wahl des Klassensprechers

KARIN IST KLASSENSPRECHERIN

NUN HABEN DIE KINDER GEWÄHLT. DIE LEHRERIN FRAGT KARIN, OB SIE DIE WAHL ANNIMMT. JEDER KANN AN IHREN ROTEN WANGEN SEHEN, DASS SIE SICH FREUT. NATÜRLICH WILL SIE SICH GERNE UM DIE MITSCHÜLER KÜMMERN. SARA NIMMT DIE FREUNDIN IN DIE ARME UND GRATULIERT IHR. NUR TIMO SITZT IN EINER ECKE DES KLASSENZIMMERS. SEINE AUGEN SEHEN TRAURIG AUS. KARIN GEHT ZU IHM UND SAGT: „WIR WERDEN GEMEINSAM KLASSENSPRECHER. SOLLEN WIR DIE ANDEREN FRAGEN?“ TIMO NIMMT KARINS HAND UND NICKT. ALLE MÄDCHEN UND JUNGEN DER KLASSE STIMMEN ZU.

1. Unterstreiche alle 15 Nomen wie im Beispiel.
   Lasse die Namen Karin, Sara und Timo weg.
2. Schreibe die unterstrichenen Nomen mit dem bestimmten Artikel auf.

die Klassensprecherin

3. Schreibe den Text richtig in dein Heft.
   Denke daran, dass auch Satzanfänge großgeschrieben werden.
4. Stelle dir vor, du bist Timo.
   Schreibe ins Heft, wie du dich nach Karins Angebot fühlst.

Karin ist Klassensprecherin

S. 13

J	M	O	W	S	E	F	A	T	T	N	E	R	A	U	I	E	H
A	U	O	I	F	R	E	U	N	D	L	I	C	H	K	E	I	T
W	T	G	U	L	A	Q	U	W	S	T	O	L	Z	O	H	K	R
S	C	H	M	E	R	Z	I	U	G	E	Z	I	R	P	A	A	T
T	O	D	H	V	S	O	H	T	R	A	U	E	R	S	S	I	F
Ä	L	B	M	D	H	R	G	L	Ü	C	K	B	A	T	S	A	Q
R	F	X	E	E	O	N	N	A	F	F	R	E	U	D	E	T	W
K	Z	U	F	R	I	E	D	E	N	H	E	I	T	M	J	K	L
E	O	Y	E	Z	S	D	A	M	Z	P	K	Y	Ä	R	G	E	R

1. Finde die 14 restlichen abstrakten Nomen.
   Sie sind senkrecht und waagrecht im Rätsel versteckt.
   Markiere sie wie im Beispiel.
2. Welche Bedeutung haben die 15 Nomen für dich?
   Ordne sie dem lachenden ☺ oder weinenden ☹ Gesicht zu.
   Schreibe die Nomen mit Artikel in die Tabelle.

☺	☹
der Mut	

3. Es sind verschiedene Lösungen möglich. Sprich darüber mit deinem Nachbarn.
   Begründe deine Zuordnung.

So finden wir den Wortstamm

S. 15

1. Kreise den Wortstamm bei den Verben ein.

bitten brummen sitzen raten lassen knurren holen summen

2. Verben haben einen Wortstamm und eine Endung.

   Wie lautet die Endung in der Grundform? ______

3. Wenn du den Wortstamm der Verben aus Aufgabe 1 hier richtig einträgst, erfährst du das Lösungswort.

Lösungswort: ______________________

4. Denke dir selbst ein Rätsel für deine Freunde aus. Alles, was du brauchst, sind ein Lösungswort und Verben, in denen die Buchstaben des Lösungswortes vorkommen.

So kann das Wetter sein

S. 18, 19

Hanna und Malte ziehen sich dem Wetter entsprechend an.

1. Markiere die Kleidungsstücke rot, die man anzieht, wenn die Sonne scheint und es sehr warm ist, die bei Regen grün und die bei Schnee blau.

2. Schreibe die markierten Nomen zu den passenden Oberbegriffen in der Mindmap. Finde noch jeweils ein weiteres Kleidungsstück und trage es ein.

3. Warum ist es wichtig, je nach Wetter andere Kleidung anzuziehen? Begründe deine Antwort. Schreibe in dein Heft.

Wie wird das Wetter?

S. 21

Wettervorhersage

Am Montag ist es morgens noch sonnig, später wolkig und am Abend ziehen kräftige Gewitter auf. Am Dienstagmorgen ist es neblig. Der Nebel löst sich aber im Laufe des Tages auf und es ist wieder sonnig. Die Sonne wird am Mittwoch von Wolken abgelöst und es ist sehr windig. Der Donnerstag ist frostig und es kommt zu gewaltigen Schneefällen. Auch am Freitag bleibt es weiterhin eisig. Gegen Nachmittag zieht die Sonne wieder auf und so ist es auch am Wochenende meist sonnig.

1. Unterstreiche die Adjektive wie im Beispiel.
2. Schreibe zu den Adjektiven das passende Nomen mit Artikel auf. Schreibe jedes Adjektiv nur ein Mal.

sonnig – die Sonne

3. Einige der Adjektive enden auf -ig, andere auf -lich. Schreibe die Wörter in die richtige Spalte und vervollständige sie.

öst__ durst__ mut__ stünd__ sommer__
nebl__ freund__ lust__ süd__ wind__

-ig	-lich

S. 23

Wie entsteht ein Regenbogen?

Der Pfadfinder Sebastian erklärt, wie ein Regenbogen entsteht: „Ein Regenbogen ist ein schönes Naturschauspiel. Er leuchtet von außen nach innen in den Spektralfarben rot, orange, gelb, grün, hellblau, dunkelblau und violett. Ein Regenbogen erscheint, wenn es regnet und gleichzeitig die Sonne scheint. In den Regentropfen brechen sich die Sonnenstrahlen. So wird das weiße Sonnenlicht in seine farblichen Bestandteile – die Spektralfarben – zerlegt. Jede Farbe tritt in einem anderen Winkel aus und so erscheinen alle Farben als einzelnes Farbband. Manchmal kann man auch noch einen Nebenbogen entdecken. Er befindet sich neben dem eigentlichen Regenbogen. Der Nebenbogen ist viel blasser und die Reihenfolge der Farben ist genau umgekehrt."

1. Male den Regenbogen richtig an.
2. Jonas hat sich Notizen gemacht, sie sind aber etwas durcheinandergeraten. Verbinde die Satzteile, die zusammengehören.

1) Der Regenbogen •	• wird in seine farblichen Bestandteile zerlegt. K
2) Wenn es regnet und gleichzeitig die Sonne scheint •	• in den Regentropfen. L
3) Die Sonnenstrahlen brechen sich •	• leuchtet in den Spektralfarben. W
4) Das weiße Sonnenlicht •	• und die Farbreihenfolge ist genau umgekehrt. N
5) Alle Farben erscheinen als einzelnes Farbband, •	• entsteht ein Regenbogen. O
6) Der Nebenbogen ist blasser •	• da jede Farbe in einem anderen Winkel austritt. E

3. Trage die Buchstaben aus Aufgabe 2 richtig ein, dann ergibt sich das Lösungswort.

1) 2) 3) 4) 5) 6) Lösungswort: ____________

Blitz und Donner

S. 23

1. Schreibe die passenden Fragewörter in die Lücken.
2. Beantworte die Fragen mithilfe des Textes von Seite 10.

Frage 1: Wer erklärt den Kindern, wie ein Regenbogen entsteht? (Zeile 1)

Antwort: Sebastian erklärt den Kindern, wie ein Regenbogen entsteht.

Frage 2: ____________ erscheint ein Regenbogen? (Zeile 7, 8)

Antwort: Ein Regenbogen erscheint, wenn ____________

____

Frage 3: ____________ brechen sich die Sonnenstrahlen? (Zeile 8, 9)

Antwort: Die Sonnenstrahlen brechen sich in ____________

Frage 4: ____________ sind Spektralfarben? (Zeile 9, 10)

Antwort: Spektralfarben sind die ____________ des weißen Sonnenlichts.

Frage 5: ____________ heißt der Nebenbogen Nebenbogen? (Zeile 13, 14)

Antwort: Er wird Nebenbogen genannt, weil ____________

____

Frage 6: ____________ unterscheidet sich der Nebenbogen vom eigentlichen Regenbogen? (Zeile 14, 15)

Antwort: ____________

____

3. Suche dir einen Partner.
   Erklärt euch mündlich, wie ein Regenbogen entsteht.

Vorsicht: Auslautverhärtung!

S. 25

1. **b** oder **p**, **d** oder **t**, **g** oder **k**? Verlängern hilft dir dabei: Bilde die Mehrzahl.
   Trage die Mehrzahl der Nomen ein.
   Die markierten Kästchen ergeben das Lösungswort.

Zwei?
Kor?
We?
Win?
Boo?
Zel?
Kin?
Wal?

Lösungswort: ____________

2. **d** oder **t**, **g** oder **k**? Verlängern hilft dir dabei: Bilde die 1. Vergleichsstufe.
   Trage die fehlenden Buchstaben richtig ein und streiche sie ab.

hefti__ – heftiger	kal__ – käl__er
spannen__ – spannen__er	lau__ – lau__er
star__ – stär__er	hasti__ – hasti__er
hungri__ – hungri__er	mil__ – mil__er

3. **b** oder **p**, **g** oder **k**? Verlängern hilft dir dabei: Bilde die Grundform.
   Verbinde er-Form und Grundform. Trage die fehlenden Buchstaben ein.

er-Form	Grundform
er schrei__t	klin__en
er he__t	sa__en
er kle__t	den__en
er hu__t	he__en
er sa__t	len__en
er klin__t	schrei__en
er len__t	hu__en
er den__t	kle__en

Das Gewitter

1. Doppelkonsonanten oder nicht: l/ll, n/nn, t/tt, k/ck, z/tz?
   Trage die Wörter mit den Konsonanten in die richtigen Häuschen ein.

~~fa_en~~ Eu_e do_ern Kro_e me_ern

schna_ern Schnau_e Rü_en Hi_e

2. Schreibe die Wörter richtig.

l oder ll?	be___en	ma___en	Kra___en
n oder nn?	wei___en	To___e	ke___en
t oder tt?	Ke___e	schme___ern	Tü___e
k oder ck?	La___en	Ja___e	Zu___er
z oder tz?	Wi___e	Ka___e	Wei___en

3. Markiere die Wörter in Aufgabe 2 mit einfachen Konsonanten (l, n, t, k und z) blau.

   Schreibe diese Wörter in Großbuchstaben in der richtigen Reihenfolge in die Kästchen.

   Die markierten Kästchen ergeben das Lösungswort.

   Hanna führt ihren Hund an der ____________.

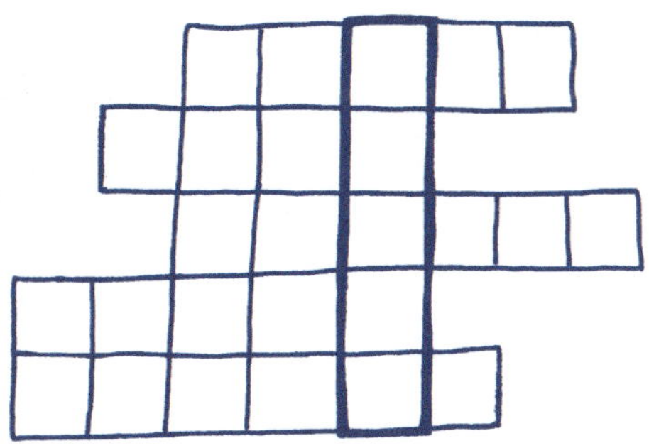

Das Gewitter

S. 26

1. Bilde Sätze mit dem Satzschieber und schreibe sie richtig in dein Heft.

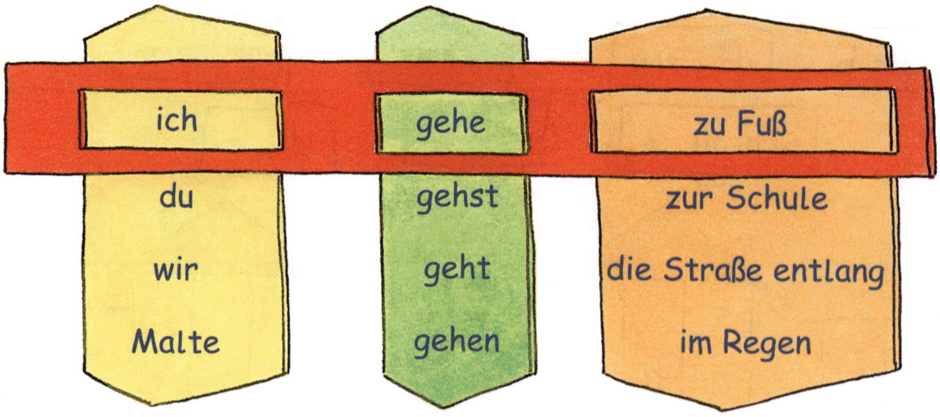

2. Bilde Sätze und schreibe sie auf.

kommen ich spät nach Hause

den Wetterbericht der Nachrichtensprecher vorlesen

wir an heißen Tagen gehen ins Freibad

fahren durch den Wald mit dem Fahrrad Malte und Jakob

ihre Hausaufgaben Hanna immer machen

S. 32

Ein gesundes Frühstück

Heute bereiten die Kinder der 3 c ein gesundes Frühstück für ihre Parallelklasse zu. Dazu brühen sie drei Liter Früchtetee auf. Timo und Sarah pressen Orangen aus. Sie füllen viele Gläser mit Orangensaft. Lukas und Malte schneiden und würfeln frisches Gemüse wie Paprika, Karotten und Gurken. Dazu verrührt Ayse Quark mit Kräutern und Knoblauch. Charlotte schneidet Brot auf. Uwe und Karin schütten Haferflocken in eine Schüssel und geben Obst, Rosinen, Nüsse und Kürbiskerne dazu. Emilio gießt Joghurt dazu und rührt alles gründlich um. Da kommen auch schon die Kinder der Nachbarklasse. Sie bringen Teller, Tassen und Schüsseln mit. Alle freuen sich über das gelungene Frühstück.

1. Suche die Verben im Text und unterstreiche jedes mit einer anderen Farbe. Achtung: Viele Verben bestehen aus zwei Teilen.
2. Hast du alle Verben gefunden? In der Schale sind sie noch einmal versteckt. Suche die Wörter und markiere sie in derselben Farbe wie in der Geschichte.

o	z	u	b	e	r	e	i	t	e	n	a	u	f	b	r	ü	h	e	n	f	d
e	a	m	i	t	b	r	i	n	g	e	n	k	j	q	w	e	r	f	t	ü	k
h	s	r	d	f	ö	l	d	a	z	u	g	i	e	ß	e	n	u	r	z	l	p
t	w	ü	r	f	e	l	n	n	m	a	u	s	p	r	e	s	s	e	n	l	c
j	b	h	a	u	f	s	c	h	n	e	i	d	e	n	ü	p	o	u	i	e	s
r	v	r	s	c	h	ü	t	t	e	n	s	c	h	n	e	i	d	e	n	n	l
i	c	e	i	v	e	r	r	ü	h	r	e	n	y	w	s	d	f	n	z	i	
	v	n	k	o	m	m	e	n	n	b	k	d	a	z	u	g	e	b	e	n

3. Malte, Timo und Ayse erstellen ein Frühstückskochbuch. Was tun sie? Bilde drei Sätze.

Das stumme h im Wortstamm

S. 34

1. Schreibe den Wortstamm der Verben in die richtigen Blütenblätter.
2. Schreibe die passenden Verben aus Aufgabe 1 in der richtigen Personalform in die Lücken.

Lukas wohnt *mit seinem Hund bei seinen Eltern.*

Er ______ *Maxi jeden Tag Gassi.*

Heute ______ *Maxi schon vor Langeweile*

und er ______ *sich nach einem Spaziergang.*

Deswegen lässt er sich gerne an die Leine ______.

Doch plötzlich ______ *Maxi beim Spazierengehen.*

Lukas und Maxi ______ *um und gehen langsam zu Lukas' Freund Uwe.*

3. Schreibe die Sätze aus Aufgabe 2 in dein Heft.
   Suche dir mindestens drei weitere Verben aus Aufgabe 1 aus und führe die Geschichte fort.
4. Finde eine passende Überschrift zu der Geschichte.

Das stumme h im Wortstamm

S. 35

Die Wörter in der Wolke gehören zu drei Wortfamilien.

1. Finde die beiden fehlenden Wortstämme und schreibe sie auf die Kärtchen in der Mitte.
2. Ordne die Wörter den Wortstämmen zu.
   Achtung: Es bleiben 5 Wörter übrig.

~~genehmigen~~
Wohnwagen
fahren
abgezählt
bewohnbar
Fahrer
wohnlich
nehmen
einnehmen
Fahrrad
Kehrschaufel
annehmbar
Anwohner
befahrbar
auswählen
abnehmen
Bewohner
Kühlschrank
Fahrbahn
angenehm
Wohnung
anlehnen
zunehmen
Fahrtwind
Einfahrt
Wohnort
anfahren
aufnehmen
wohnen

genehmigen

nehm

3. Welche Wörter bleiben übrig? Schreibe sie auf und gib den Wortstamm an.

   Schreibe so: Kühlschrank – kühl

4. Bilde Sätze mit den Wörtern aus Aufgabe 3 und schreibe sie in dein Heft.

Ein Unglück kommt selten allein

S. 36

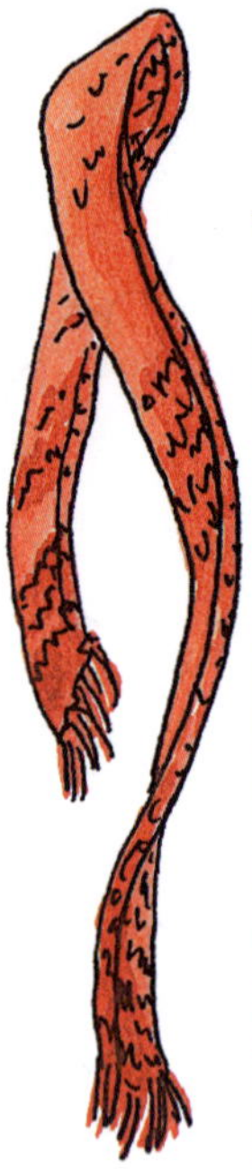

W	K	A	L	T	S	O	N	N	I	G	V	Ä	N	B	S
I	T	S	B	E	L	P	A	S	S	I	E	R	E	N	C
E	S	O	N	L	A	H	M	M	L	O	R	P	R	F	H
S	C	H	W	I	T	Z	E	N	Ö	M	D	A	O	Ü	N
E	H	R	J	E	W	O	H	N	E	N	A	C	T	H	E
K	A	T	Ö	G	V	N	S	T	R	E	C	K	E	L	L
P	L	F	R	E	U	N	D	L	I	C	H	E	M	E	L
S	P	A	Z	I	E	R	E	N	Z	A	T	N	W	N	X

1. Markiere die 18 Wörter, die im Suchsel versteckt sind.
2. Ordne sie in der Tabelle richtig zu. Achte auf die Groß- und Kleinschreibung.

Nomen	Verben	Adjektive

3. Finde jeweils 4 weitere Nomen, Verben und Adjektive.
   Schreibe sie in die Tabelle.

Im Krankenhaus

S. 37

1. Bilde sinnvolle Sätze und schreibe sie auf.

Wer	gibt	wem	etwas?
Florian	gibt	Lukas	Schokolade.
Die Kinder	gebt	Mama	einen Ball.
Ich	gibst	den Kindern	ein Buch.
Ihr	geben	deiner Freundin	ein Comicheft.
Du	gebe		viele Luftballons.
Wir			
Sie			

Florian ______________________________

____

____

____

____

____

____

2. Setze die passenden Pronomen ein.

Marie ist krank

Marie ist krank. Sie liegt im Bett und malt ein Bild.

______ schenkt es ______ Papa.

______ findet das Bild sehr schön.

„______ werden ______ zusammen aufhängen,

wenn es dir wieder besser geht“, sagt Papa.

Marie strahlt ______ an. „______ freue mich schon darauf!“, sagt ______.

Wünsche an Lukas

S. 39

Die Klasse 3 c bekommt einen Antwortbrief von Lukas.

Mittelstadt, den 31.10.20

Liebe Klasse 3 c,

vielen Dank für euren Brief. Gestern bin ich aus dem Krankenhaus entlassen worden. Es geht mir schon besser, aber ich muss noch ein paar Tage zu Hause bleiben.

Am Tag der Aufführung habe ich einen Termin zur Nachuntersuchung im Krankenhaus. Mama sagt, dass wir den Termin nicht verschieben können, dabei wäre ich doch so gerne gekommen! Das finde ich schade!

Viele liebe Grüße sendet euch

euer Lukas

Lukas Müller
Poststraße 6
71890 Mittelstadt

Klasse 3 c
Grundschule Mittelstadt
Schulstraße 10
71890 Mittelstadt

1. Erinnere dich an die Bausteine eines Briefes.
   Unterstreiche die Bausteine im Brief in folgenden Farben.

   Ort = rot   Datum = grün   Anrede = braun
   Text = gelb   Gruß = lila   Unterschrift = blau

Wünsche an Lukas

S. 39

2. Die Kinder haben viel Mitgefühl mit Lukas. Sie wollen ihn trösten. Was können sie tun? Schreibe den Brief der Klasse. Die Ideen auf dem Zettel können dir helfen. Beachte auch die Bausteine von Aufgabe 1.

Ideen:
- Stück auf Video/CD aufnehmen
- fotografieren
- ihm von der Aufführung erzählen
- ihn oft besuchen
- …

Schule früher und heute

S. 44

1. Immer zwei Verbformen gehören zusammen.
   Finde sie und male sie in derselben Farbe an.

er gab · sie rief · du rennst · du siehst · wir ziehen · du nimmst · wir rufen · du schreibst · wir kamen · er sitzt · sie liefen · sie kommen · ich gebe · wir saßen · ich schrieb · ich stehe · es zog · er bleibt · wir standen · sie rannte · ihr lauft · ich sah · ich blieb · ich nahm

2. Trage die fehlenden Verbformen in die Tabelle ein.

Präsens (Gegenwart)	Präteritum (Vergangenheit)	Präsens (Gegenwart)	Präteritum (Vergangenheit)
sie geben	sie gaben	sie rennen	
er nimmt		ihr schreibt	
du ziehst		wir bleiben	
er läuft		du sitzt	
ich rufe		er sieht	
ihr steht		ich komme	

3. Früher gab es Dinge in der Schule, die wir heute nicht mehr kennen.
   Schreibe die passenden Wörter aus dem Schulranzen auf die Tafeln und trage die Verben der Sätze im Präteritum (Vergangenheit) ein.

Hertha heute und früher

Heute schreibt Hertha in ein Heft.

Früher ________ *sie auf eine* ________.

Die Lehrerin sitzt an einem Pult.

Früher ________ *sie an einem* ________.

Hertha benutzt einen Bleistift.

Früher ________ *sie einen* ________.

Ihre Schulsachen steckt Hertha in den Ranzen.

Früher ________ *sie sie in den* ________.

Josefs Schulweg im Winter

S. 45, 46

Josef ist Herthas Cousin. Er lebt in einem kleinen Dorf in den Bergen. Jeden Morgen legt er einen langen, beschwerlichen Schulweg zurück.

1. Ergänze die Sätze mit passenden Verben aus dem Bild.
   Bilde die richtige Personalform in der Vergangenheit (Präteritum).

Im Winter verließ *Josef das Haus schon früh am Morgen. Es war immer sehr dunkel, aber er* ________ *sich nicht. Der Schnee* ________ *meterhoch auf Wegen, Bäumen und Häusern. Jeden Morgen* ________ *sich Josef seine viel zu langen Holzskier unter die Schuhe und* ________ *ins Tal hinab. Unterwegs* ________ *er meistens seine Schulkameraden. Auch sie* ________ *auf Skiern oder mit dem Schlitten zur Schule. Nicht immer* ________ *Josef trocken im Tal an. Manchmal* ________ *er in den nassen Schnee. Dann* ________ *er sich am Ofen in der Schule erst einmal auf.*

2. Der Text steht in der Vergangenheit (Präteritum). Schreibe die Verben, die du eingesetzt hast, in die Tabelle und ergänze die entsprechende Form in der Gegenwart (Präsens). Schreibe jedes Verb nur einmal.

Vergangenheit (Präteritum)	Gegenwart (Präsens)	Vergangenheit (Präteritum)	Gegenwart (Präsens)
er verließ			

Wortfeld „gehen“

S. 47

1. Schreibe die passenden Verben aus dem Fußabdruck in die Lücken.
   Schreibe jeden Buchstaben einzeln.

Er b u m m e l t *langsam durch die Straßen.*
3)

Der König _ _ _ _ _ _ _ _ _ *durch den Schlossgarten.*
2)

Die Kinder _ _ _ _ _ _ *Gummitwist.*
6)

Der Maulwurf _ _ _ _ _ _ _ *in sein Loch.*
10)

Die Eisbären _ _ _ _ _ _ _ *durch den hohen Schnee.*
4)

Paula _ _ _ _ _ *schnell nach Hause.*
8)

Der Storch _ _ _ _ _ _ _ _ _ *über die Wiese.*
5)

Maxi _ _ _ _ _ _ _ *mit seinem Verband am Bein.*
13)

Der Elefant _ _ _ _ _ _ _ _ *über die Steppe.*
11)

Karin _ _ _ _ _ _ _ _ *über einen Stein.*
14)

Sarah und ihre Mama _ _ _ _ _ _ _ _ _ _ *durch die Geschäfte.*
9)

Uwe will einen Kindermarathon _ _ _ _ _ _.
12)

Die Klasse _ _ _ _ _ _ _ *zum See.*
1)

Susi _ _ _ _ _ _ _ *Seil.*
7)

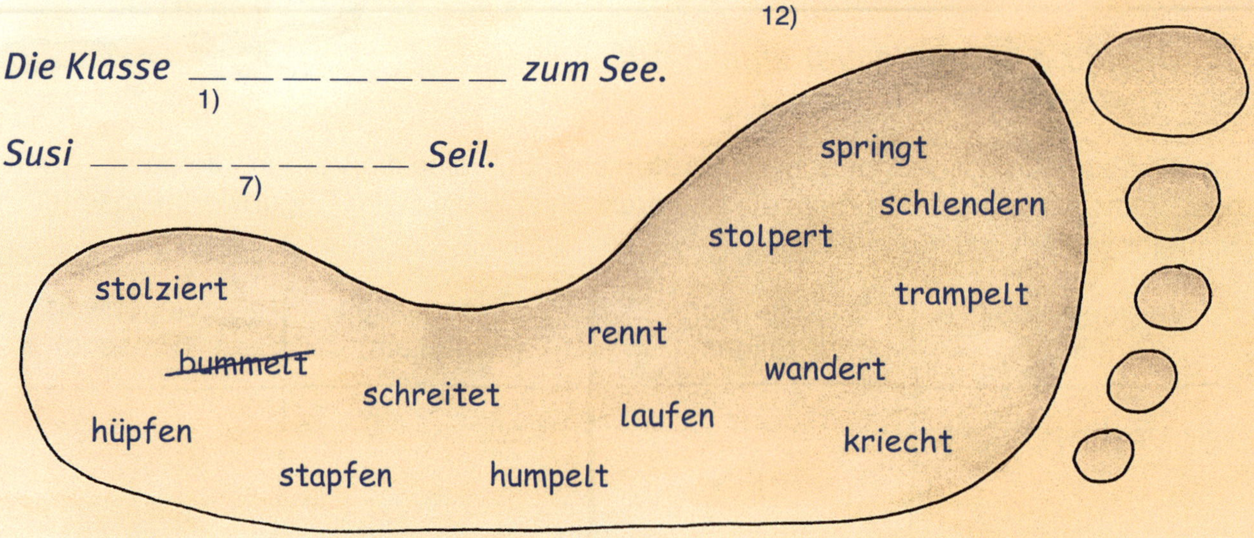

2. Die Buchstaben über den Zahlen aus Aufgabe 1 ergeben die Lösung.

1)	2)	3)	4)	5)	6)	7)	8)	9)	10)	11)	12)	13)	14)

Lösung: Gehen

Holzwurm und Bücherwurm

S. 48 – 51

In der Bibliothek einer kleinen Stadt lebte der Bücherwurm Armin. Er liebte den Geruch des alten Papiers und die trockene Luft. Aber er fühlte sich dort sehr allein.

Eines Tages brachte die Bibliothekarin einen alten Stuhl in die Bibliothek.

Als abends alle gegangen waren, bemerkte Armin, dass aus einem winzigen Loch im Holz des Stuhles ein Wurmfräulein neugierig herausschaute. Sie erzählte Armin, dass sie Musine hieß. Aber sie langweilte sich entsetzlich zwischen den dicken alten Büchern. Da nahm Armin sie mit in ein Buch …

1. Überlege dir, wie die Geschichte weitergehen könnte.
   - In welches Buch nimmt Armin Musine mit?
   - Wohin könnte ihre Reise gehen?
   - Was könnten die beiden erleben?

   Sammle weitere Schreibideen mit der Ideenspinne.

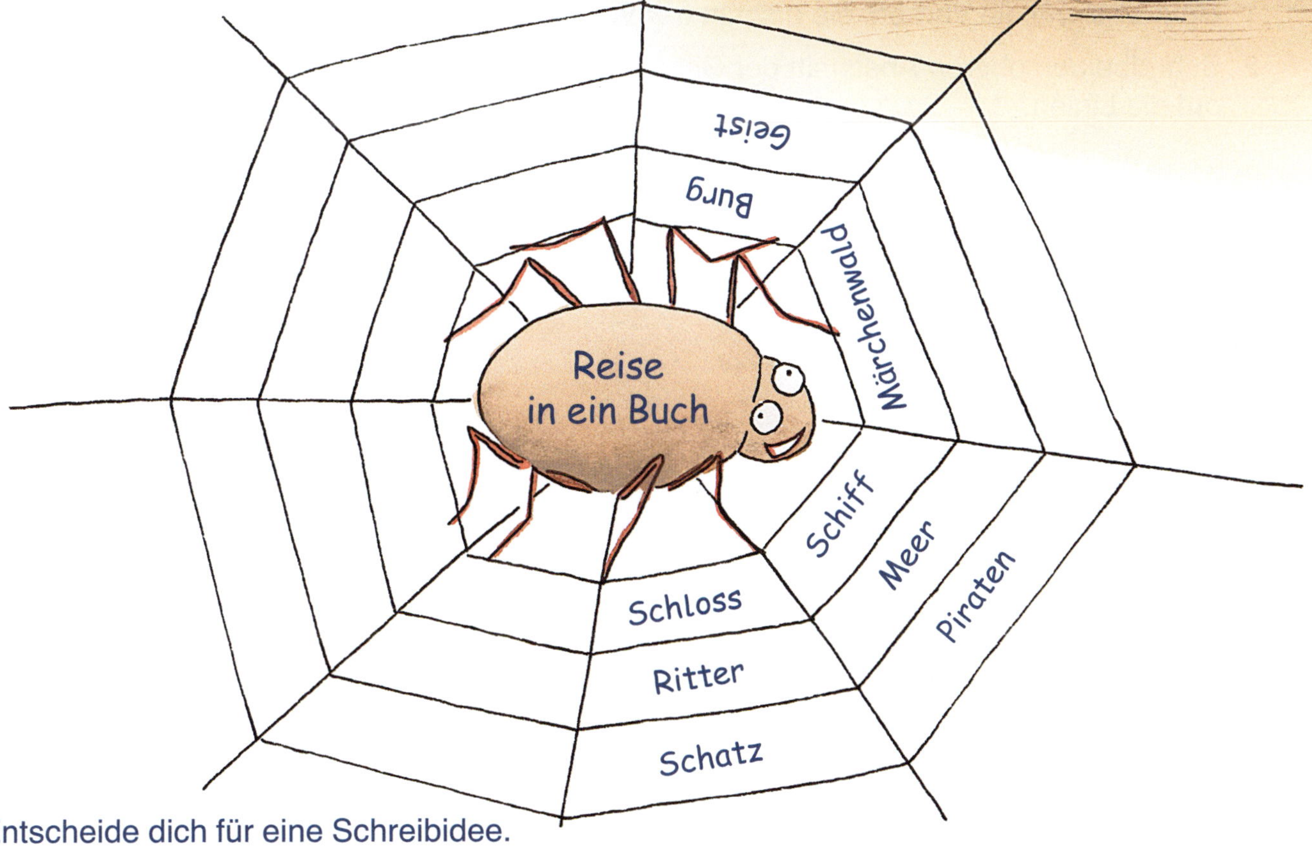

2. Entscheide dich für eine Schreibidee.
   Schreibe die Geschichte auf ein Blatt, damit du sie später überarbeiten kannst.

Schreibkonferenz: Station Vergangenheit

S. 48 – 51

Auch Karin hat eine Geschichte geschrieben.
In einer Schreibkonferenz bespricht sie ihre Geschichte mit den anderen Kindern aus ihrer Klasse. Sie durchläuft dabei drei Stationen.

3 Stationen:
Vergangenheit
Adjektive
Satzanfänge

1. Unterstreiche die Verben, die nicht in der Vergangenheit stehen.
2. Schreibe den oberen Abschnitt der Geschichte mit den Verbformen in der Vergangenheit auf die Linien.

3. Überprüfe bei deiner eigenen Geschichte, die du bei der Aufgabe 2 von Seite 25 geschrieben hast, ob du immer in der Vergangenheit bleibst. Falls nötig, korrigiere sie.

Schreibkonferenz: Station Adjektive

S. 48 – 51

In der Schreibkonferenz geht Karin mit ihrer Geschichte zu einer weiteren Station.

3 Stationen:

Vergangenheit
Adjektive
Satzanfänge

Auf einmal befanden sie sich auf einem Tisch auf einem Marktplatz. Aber wie sah es hier aus? Es gab keine Autos und keine Fahrräder. Und was hatten die Menschen für Kleider an! Direkt hinter ihnen lagen Fische und Musine rümpfte die Nase. Auf dem Tisch nebenan lagen Äpfel und Birnen in Körben. „Wo sind wir?“, fragte Musine. „Wir sind auf einem Markt im Jahr 1848“, erklärte Armin. „Von diesem Jahr handelt das Buch.“

1. Schreibe den Text in die Linien und setze an den markierten Stellen passende Adjektive ein.

2. Überprüfe, ob du bei deiner eigenen Geschichte noch passende Adjektive verwenden kannst. Falls nötig, füge sie deiner Geschichte hinzu.

Schreibkonferenz: Station Satzanfänge

S. 48 – 51

3 Stationen:

Vergangenheit
Adjektive
Satzanfänge

Als Letztes geht Karin in der Schreibkonferenz zur Station Satzanfänge.

1. Markiere die Satzanfänge, die du ändern willst.
2. Schreibe den Abschnitt der Geschichte auf die Linien. Verwende unterschiedliche Satzanfänge. Die Wörter aus der Wolke können dir dabei helfen.

endlich
plötzlich
in diesem Augenblick
schnell
sofort
zum Schluss

3. Überlege dir, ob du in deiner eigenen Geschichte die Sätze immer unterschiedlich anfangen lässt. Ändere die Satzanfänge, falls nötig.
4. Schreibe deine überarbeitete Geschichte auf ein neues Blatt.

Essen und Trinken

S. 52, 53

In jedem Land gibt es typische Speisen. Vielen Menschen fällt „Eisbein mit Sauerkraut“ ein, wenn sie an Deutschland denken.
Wenn das Essen beginnt, sagt man: „Guten Appetit!“

1. Wie sagt man in den anderen Ländern? Welches sind die typischen Speisen? Sieh im Sprachbuch auf S. 52, 53 nach. Male die Landesflagge aus und schreibe so:

Deutschland: Guten Appetit!

Eisbein mit Sauerkraut und Knödeln

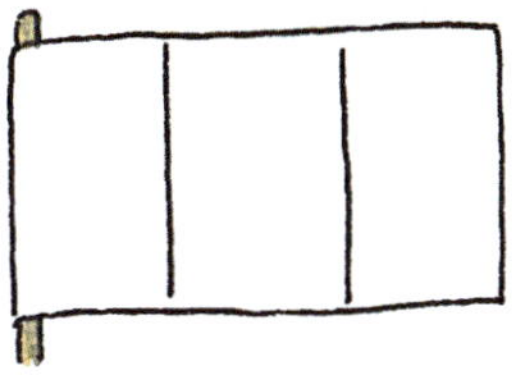

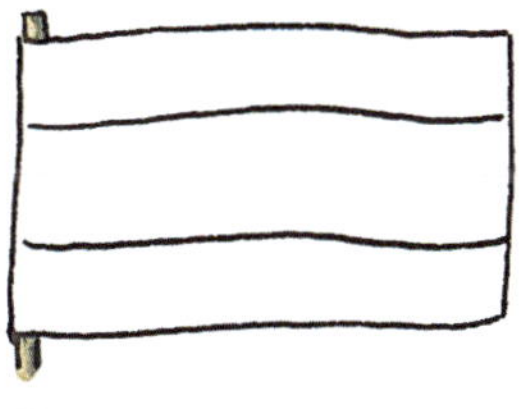

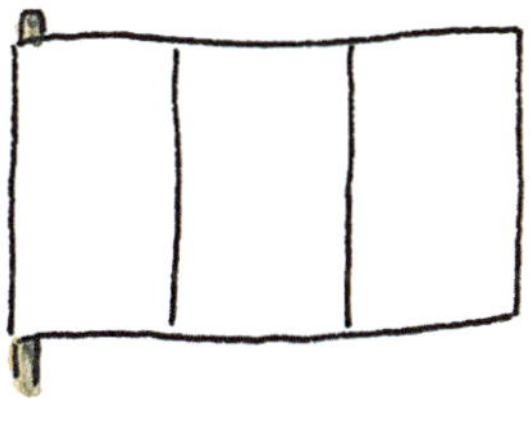

2. Male und schreibe wie bei Aufgabe 1 auch für andere Länder.

Bei Lukas zu Hause

S. 54, 55

Nach der Schule kommt Lukas nach Hause.
Seine Mutter Linda sitzt am Esstisch und liest Zeitung.

1. Lukas grüßt
2. Mutter Linda erwidert
3. Lukas fragt
4. Mutter Linda stimmt zu
5. Lukas erklärt

Natürlich darfst du das.

Prima! Ich darf bei Gökhan türkische Speisen probieren.

Hallo Mama!

Darf ich morgen bei Gökhan zu Mittag essen?

Hallo Lukas!

1. Verbinde jeden Begleitsatz mit einer wörtlichen Rede.
2. Schreibe das Gespräch auf und ergänze den Doppelpunkt und die Anführungszeichen.
3. Unterstreiche den Redebegleitsatz **rot** und die wörtliche Rede **grün**.
4. Suche dir einen Partner. Lest die wörtliche Rede mit verteilten Rollen.

Mutter Linda bedankt sich

S. 54, 55

Nachdem Lukas bei Gökhans Familie zu Mittag gegessen hat, telefonieren die Mütter Linda und Emine miteinander.

1. Schreibe das Gespräch auf.
   Beachte die Zeichensetzung und verwende für die Redebegleitsätze die Verben aus dem Teller.
   Schreibe so:

Mutter Linda sagt: „Vielen Dank, dass

2. Suche dir einen Partner. Lest die wörtliche Rede mit verteilten Rollen.

Wortfeld „sagen“

S. 56, 57

1. Ergänze die Sätze mit passenden Verben aus dem Mund.
   Schreibe jeden Buchstaben einzeln.

Herr Bauer t a d e l t (5) So geht das aber nicht!

Die Kinder _ _ _ _ _ _ (7) Hurra! Endlich Ferien!

Lisa _ _ _ _ _ _ (11) Das ist richtig anstrengend.

Markus _ _ _ _ _ _ _ _ (10) Bbbitte tu mir nichts.

Aylin _ _ _ _ _ _ _ (6) Mein Fuß tut weh.

Mama _ _ _ _ _ _ _ _ (8) Du sollst Anna nicht immer ärgern!

Die Lehrerin _ _ _ _ (9) Das hast du richtig toll gemacht!

Elena _ _ _ _ _ _ _ (3) Schon wieder Spaghetti mit Tomatensoße!

Paul _ _ _ _ _ _ _ _ (1) Wir müssen jetzt ganz leise sein.

Jonas _ _ _ _ _ _ (2) Darf ich heute länger wach bleiben?

Papa _ _ _ _ _ (4) Wenn du nicht aufräumst, darfst du nicht nach draußen.

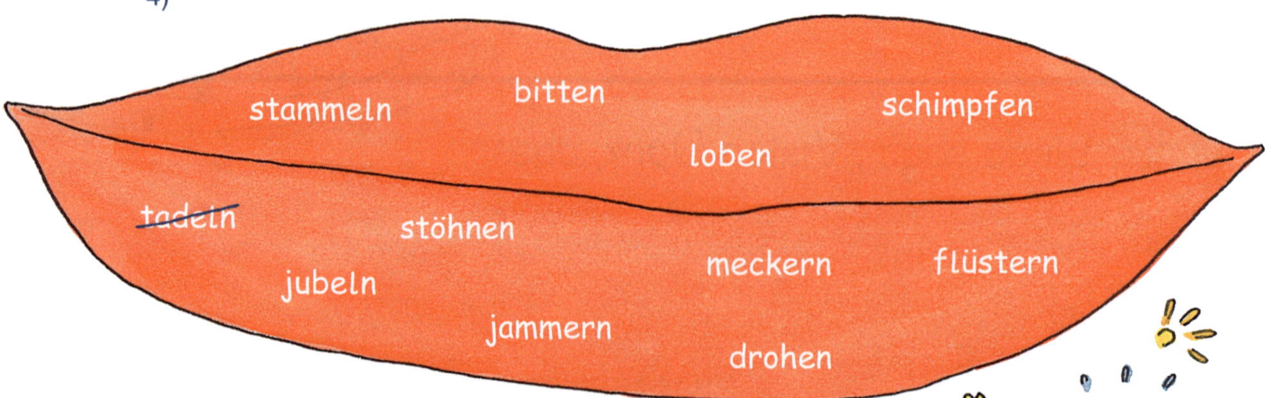

2. Setze in Aufgabe 1 die fehlenden Satzzeichen ein.
3. Die Buchstaben über den Zahlen aus Aufgabe 1 ergeben ein weiteres Wort aus dem Wortfeld „sagen“.

1)	2)	3)	4)	5)	6)	7)	8)	9)	10)	11)

Lösung: ____________________

4. Schreibe die Redebegleitsätze im Präteritum in dein Heft.
   Schreibe so: Herr Bauer tadelte.

Rezept für Köfte

S. 59

Lukas bereitet gemeinsam mit seiner Mutter Linda zum ersten Mal Köfte zu.

Köfte für 6 Portionen

500 g Hackfleisch
1 große Zwiebel
2 Knoblauchzehen
1 Scheibe Weißbrot
1 Ei
2 Teelöffel Kreuzkümmel
je 2 Teelöffel Pfeffer und Salz
1 Teelöffel Chiliflocken
2 Teelöffel Öl
Petersilie
Butter zum Braten

1) Zuerst das Hackfleisch in eine große Schüssel geben.
2) Dann die Zwiebel und die Knoblauchzehen in die Mischung reiben.
3) Nun das Weißbrot in Wasser einweichen.
4) Das Brot, das Ei, die zwei Teelöffel Öl, die Gewürze und die Petersilie zu der Hackfleischmischung geben.
5) Alles gut durchkneten und golfballgroße Bällchen daraus formen.
6) Zum Schluss Butter in einer Pfanne erhitzen und die Bällchen darin braten.

1. Mutter sagt Lukas, was er nacheinander tun soll.
   Schreibe so:

   1) Gib zuerst das Hackfleisch in eine große Schüssel.

2. Welche anderen Gerichte mit Hackfleisch kennt ihr?

Gesunde Ernährung

S. 60

Lukas und Gökhan wissen, was man bei gesunder Ernährung beachten muss. Um beim Fußball mehr Ausdauer und Kraft zu haben, benötigt der Körper Energie. Diese erhält der Körper aus Vollkornprodukten, Obst und Gemüse oder einem Glas reinen Saft. Außerdem ist es wichtig, zuckerarme Getränke wie Mineralwasser oder Tee zu trinken.

1. Unterstreiche die Nomen gelb, die Verben **grün** und die Adjektive **rot**.
2. Schreibe jedes Verb in der Grundform, der Gegenwart und der Vergangenheit so auf:

Grundform (Infinitiv)	Gegenwart (Präsens)	Vergangenheit (Präteritum)
wissen	er weiß	er wusste

3. Ersetze die unterstrichenen Nomen durch die passenden Pronomen aus den Töpfen.
   Schreibe den Satz jeweils vollständig darunter.
   Denke daran: Am Satzanfang schreibt man groß.

Lukas und Gökhan spielen gerne Fußball.

Sie spielen gerne Fußball.

Lukas isst am liebsten Köfte.

Vollkornbrot ist sehr gesund.

Der Körper braucht wichtige Nährstoffe.

Mutter Emine kocht sehr gut.

Aus 2 mach 1

S. 60

1. Welche Wörter ergeben sinnvolle zusammengesetzte Nomen?
   Schreibe sie mit Artikel auf. Du kannst die Wörter auf den Karten mehrfach verwenden.

der Küchentisch,

2. Finde zusammengesetzte Nomen mit **Glas**.

das Wasserglas

die Glasflasche

3. Zerlege die zusammengesetzten Nomen und schreibe die Wörter mit Artikel auf.

das Erdbeermarmeladenglas — Obstsalatschüssel — Nusskuchenform

die Erdbeere
die Marmelade
das Glas

Steckbrief Beruf

S. 62, 63

1. Welchen Beruf findest du besonders interessant?
   Erstelle einen Steckbrief und male ein typisches Bild dazu.

Beruf: ____________________

Berufsbekleidung: ____________________

____

Berufswerkzeuge/-hilfsmittel: ____________________

____

____

____

Voraussetzungen: ____________________

____

____

____

Ausbildung: ____________________

____

____

____

Einzelne Tätigkeiten: ____________________

____

____

____

2. Warum findest du diesen Beruf besonders interessant? Begründe.

____

____

Freund und Helfer

S. 64

Schutz vor Einbruch

Einbrüche in Wohnungen und Häuser geschehen immer wieder – sehr oft auch tagsüber. Schon mit einfachen Maßnahmen kann der Schutz wesentlich verbessert werden. Die Polizei bietet Informationen und Beratung rund um das Thema Sicherheit.

Mittelstadt gegen Frankenberg

Am Samstag fand ein Freundschaftsspiel der Mannschaften aus Mittelstadt und Frankenberg statt. Aus beiden Städten waren viele Fans gekommen, um ihre Mannschaft anzufeuern. Die Polizei sorgte für Ordnung auf den Zufahrtswegen und vor dem Stadion. Alles verlief friedlich und Mittelstadt gewann 1 : 0.

Unfall in der Helfergasse

Gestern kam es in der Helfergasse zu einem Zusammenstoß zwischen einem Pkw und einem Lieferwagen mit hohem Sachschaden. Die Polizei war rasch zur Stelle und nahm den Unfallhergang auf. Sie sicherte auch die Unfallstelle und regelte den Verkehr. Zum Glück gab es keine Verletzten.

1. Lies die Texte. Welcher Beruf ist dargestellt? __________
2. Besprecht, welche Aufgaben der Polizei beschrieben werden.
3. Schreibe die Aufgaben auf. Schreibe so:

Die Polizei bietet Informationen zum Thema Sicherheit.

Viele Polizei-Wörter

S. 65

1. Bilde zusammengesetzte Nomen mit „Polizei" und schreibe sie mit Artikel auf.

die Grenzpolizei, der Polizeihund,

2. Ergänze den Text mit passenden Verben.

Max, der Polizeihund

Max ist ein vierjähriger Schäferhund. Er ist ein wichtiges Mitglied der Polizei. Sein Herrchen Horst nimmt ihn immer mit auf Streife. Mithilfe seiner guten Nase findet *Max vermisste Personen, er* ____ *Gegenstände* ____ *oder* ____ *Sprengstoff. Manchmal* ____ *Max mit seinem Herrchen einen Flüchtigen und* ____ *die verdächtige Person. Dabei setzt er sich vor den Verdächtigen und* ____ *ihn, bis Verstärkung da ist. Max* ____ *sein Herrchen in gefährlichen Situationen. Ohne Max kann sich Horst seinen Beruf nicht vorstellen.*

erschnüffeln | aufspüren | ~~finden~~ | verfolgen | bewachen | beschützen | stellen

Bei der Polizei

S. 66

Aufgaben der Polizei

Die Polizei ist zuständig für die öffentliche Sicherheit und Ordnung. Daraus ergeben sich viele verschiedene Aufgaben: Sie überwacht zum Beispiel den Straßenverkehr. Bei großen Veranstaltungen wie Demonstrationen, Sportereignissen oder Konzerten sorgt sie für die Sicherheit. Sie berät außerdem die Bürger, wie sie sich vor Betrug und Verbrechen schützen können, und sie ermittelt Verdächtige und verfolgt Straftäter.

Ausrüstung eines Polizeibeamten

Es ist toll, was Polizisten alles dabei haben. Jeder Polizist hat eine Pistole, Handschließen, Handschuhe und Pfefferspray dabei. Manches habe ich aber auch im Auto gesehen. Im Auto oder Motorrad haben die Polizisten noch weitere Ausrüstungsgegenstände: einen Schlagstock, einen Schutzhelm, eine Schutzweste, eine Taschenlampe, ein Funkgerät und eine Polizeikelle. Die darf natürlich nicht fehlen! Damit kann Autofahrern signalisiert werden, dass sie anhalten sollen. Das ist schon spannend.

1. Welcher Text ist kein Sachtext? Unterstreiche, was nicht in einen Sachtext gehört.
2. Schreibe diesen Text als Sachtext.

Vorsilbe „ver-“

S. 67

1. Finde im Suchsel 15 Verben. Schreibe sie mit der Vorsilbe „ver-“ in die Zeilen.

t	r	a	u	e	n	z	a	u	b	e	r	n	b	u
v	a	r	t	g	h	j	v	l	e	s	e	n	i	i
s	t	e	h	e	n	k	s	a	m	m	e	l	n	o
c	e	c	t	b	l	r	o	u	p	q	e	s	d	j
p	n	h	s	e	u	t	c	f	h	e	i	l	e	n
h	k	n	s	n	ä	r	g	e	r	n	r	d	n	f
y	n	e	s	u	c	h	e	n	p	a	s	s	e	n
o	h	n	f	r	x	i	s	p	r	e	c	h	e	n

verstehen, ______________________

____

____

____

2. Ergänze die Sätze mit Verben aus dem Suchsel in der richtigen Form.

Der Hund steht vor seinem Herrchen.

Der Polizist versteht seinen Hund.

Max ______________ den verlorenen Gegenstand.

Er ______________ das Leckerchen seines Herrn.

Die Fußballfans ______________ Geld für den Verein.

Anschließend ______________ sie sich vor dem Stadion.

Max ______________ hinter dem Verdächtigen her.

Der Räuber hat sich ______________.

Horst ______________ Max mit der Leine an einen Pfosten.

Er ______________ die Wunde des Verletzten.

Ein Polizist darf dem Verdächtigen nicht ______________.

Aber Max ______________ seinem Herrchen.

Bei der Feuerwehr

S. 71

Julias Klasse möchte eine Feuerwache besuchen. Herr Schmidt, Julias Vater, ist Feuerwehrmann. Deshalb hat Julia einen Brief an ihren Vater geschrieben.

Mittelstadt, den

Hallo Papa,

in der Schule bearbeiten wir gerade das Thema Feuerwehr. Weil du bei der Feuerwehr arbeitest, möchte ich dich fragen, ob wir dich bei deiner Arbeit besuchen dürfen. Wir würden gerne dich und deine Kollegen zu eurer Arbeit befragen. Außerdem würden wir gerne deine Ausrüstung und eure Geräte sehen. Meinst du, ein Besuch bei euch wäre in der nächsten Zeit möglich?

Viele Grüße

deine Julia

1. Schreibe einen Brief an Herrn Schmidt in der Höflichkeitsform. Du kannst Julias Brief als Vorlage verwenden.
2. Unterstreiche die Pronomen **Sie**, **Ihnen**, **Ihre** …

Mittelstadt, den

Vorsilbe „vor-“

S. 71

Julia liest ihren Brief vor.

Lukas stellt seine Geschichte der Klasse vor.

Die Kinder schlagen Jan als Klassensprecher vor.

Karin trägt das Ergebnis vor.

Ein Schüler führt einen Zaubertrick vor.

Der Bus fährt an der Schule vor.

Sara singt ein Lied auf der Bühne vor.

Der Lehrer rechnet an der Tafel vor.

Markus gibt den Rhythmus für die Musik vor.

1. Kreise in den Sätzen beide Teile des Prädikats **grün** ein.
2. Schreibe die Verben aus Aufgabe 1 in der Grundform, der Gegenwart und der Vergangenheit so auf:

Grundform (Infinitiv)	Gegenwart (Präsens)	Vergangenheit (Präteritum)
vorlesen	sie liest vor	sie las vor

Gefühle in Worte fassen

 S. 74

- ~~begeistert sein~~
- vor Angst zusammenfahren
- strahlen
- die Augen blitzen
- zu stottern beginnen
- beglückt sein
- erschauern
- begeistert jubeln
- vor Freude erröten
- in die Luft springen
- ~~die Augen aufreißen~~
- glücklich sein
- Schauer über den Rücken laufen
- vor Begeisterung weinen
- in Hochstimmung sein
- Schmetterlinge im Bauch haben
- am ganzen Leib zittern
- laut aufschreien
- einen Schock bekommen
- in die Hände klatschen
- sich fürchten
- es großartig finden
- einen Schreck bekommen
- Panik bekommen
- sich vor Schreck setzen
- Vergnügen empfinden
- eine Gänsehaut bekommen
- zusammenfahren

1. Lies die Ausdrücke.
2. Ordne die Ausdrücke den Oberbegriffen „sich freuen“ oder „sich erschrecken“ zu und trage sie in die Tabelle ein.

sich freuen	sich erschrecken
begeistert sein	die Augen aufreißen

Wortfeld „sehen“

S. 75

Es gibt sehr viele Ausdrücke, mit denen das Wort „sehen“ ersetzt werden kann. Aber dann verändert sich auch die Bedeutung.

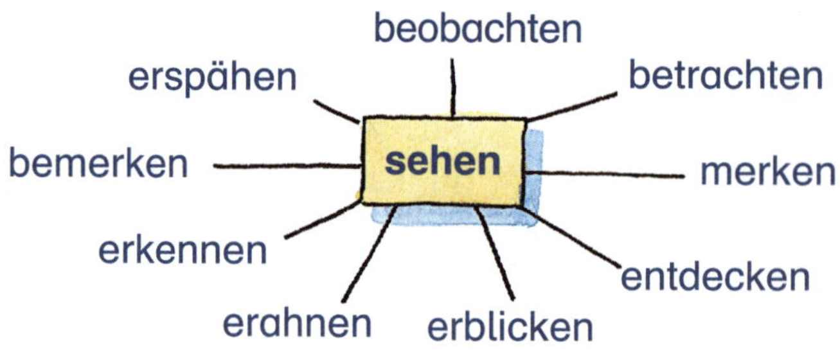

1. Füge in den Sätzen ein passendes Wort für „sehen“ aus dem Wortfeld oben ein. Verwende nicht „sehen“ und benutze jedes Wort nur ein Mal. Beachte die Zeitform.

Laura und Jan im Labor von Professor Irrwisch

Im Labor ______________ Laura und Jan geheimnisvolle Röhrchen und Flaschen.

Die Kinder ______________ eine Flasche, die auf einem Kocher stand.

Sie ______________ gespannt, was mit der Flüssigkeit darin geschah.

Auf einmal ______________ sie, dass die Flüssigkeit überzukochen drohte.

In diesem Moment ______________ sie, dass sich der Raum mit Qualm füllte.

Da ______________ sie in einem Winkel des Raumes eine Treppe.

Aber sie konnten nicht ______________, wo sie hinführte.

Plötzlich ______________ sie etwas auf der Treppe.

Sie schrien laut auf. Dann ______________ sie, dass sie wieder zu Hause in ihrem Zimmer waren.

2. Lest die Texte vor. Passen die eingesetzten Wörter? Besprecht euch.

Doppelkonsonanten in Wortfamilien

S. 78

1. Finde das Verb aus der Wortfamilie und schreibe es in das Häuschen.
2. Schreibe die Personalform (er / sie / es) in der Gegenwart auf.
3. Schreibe das Ausgangswort und noch weitere Wörter aus der Wortfamilie auf. Verwende das Wörterbuch.

Kna?bonbon

es knallt

das Knallbonbon, der Knaller,

knallig, knallbunt

Schwi?bad

Spi?rad

Tre?ung

Tre?punkt

Fu?er

ie in Wortfamilien

S. 79

1. Schreibe die Verben in die Häuschen.
2. Schreibe die Personalform (er / sie / es) in der Gegenwart auf.
3. Schreibe mindestens ein Nomen mit Artikel und ein Adjektiv aus dieser Wortfamilie auf. Verwende das Wörterbuch.

A

z | ie | l | e | n

er zielt

das Ziel

zielsicher

A

A

A

A

A

ie in Reimwörtern

S. 79

1. Ein weiteres schönes Buch von Astrid Lindgren ist „Michel aus Lönneberga“.
   Lies die Beschreibung des Buches und ergänze „i“ oder „ie“.

Michel aus Lönneberga

Michel ist ein kleiner, s___benjähriger, blonder Junge, der nur Uns___nn im Kopf hat. Er sp___lt der Magd Lina, seinen Eltern und der ganzen Familie Streiche. Bei v___len Streichen meint er es gar nicht böse, sondern es gesch___ht einfach. Sein Vater sch___ckt ihn dann in den Schuppen. Dort schn___tzt er v___le Holzmännchen, die in einer langen Reihe auf einem Regal stehen. Wenn er dann w___der herauskommen darf, verspr___cht er, ganz l___b zu sein. Aber sehr lange hält er das n___ durch. Trotz seiner Streiche l___bt ihn seine Mutter und schreibt abends alles, was Michel angestellt hat, in ein Heft.

2. Finde Reimwörter mit ie.

Biene	Wiese	Diebe
Schiene		
Riegel	Stiel	Wiege
liegen	gießen	sieben

3. Schreibe mit den Reimwörtern ein Gedicht in dein Heft.

Das Subjekt – Erfinder

S. 81

1. Kreise das Prädikat **grün** ein.
   Schreibe die Frage nach dem Subjekt in die Schreibzeile
   und unterstreiche das Subjekt **gelb**.

Alexander Graham Bell baute das erste Telefon.

Wer baute das erste Telefon?

Fritz Leonhard plante den ersten Fernsehturm.

Louis Braille erfand die Brailleschrift.

Carl Benz entwickelte das erste Auto.

Alexander Fleming entdeckte das Penicillin.

Carl von Linde entwarf den ersten Kühlschrank.

2. Schreibe die Sätze richtig und unterstreiche die Subjekte gelb.

online. | Jana | geht

startet | den Internet-Browser. | Sie

tippt | Sie | die Adresse der Suchmaschine ein.

Sie | das Stichwort in das Suchfeld ein. | trägt

Zusammengesetzte Adjektive

S. 82, 83

1. Immer zwei Puzzleteile ergeben ein zusammengesetztes Adjektiv. Schreibe es auf.

 weich — samtweich

 müde — __________

 klar — __________

 tief — __________

 kalt — __________

 neu — __________

 breit — __________

 schief — __________

 nass — __________

 hart — __________

2. Setze die zusammengesetzten Adjektive von Aufgabe 1 passend in die Lücken.

Lukas' und Maxis nasses Abenteuer

Nach der Schule geht Lukas mit Maxi am __________ Bach spazieren. Als Maxi in den Bach springt, wird er __________. Auch die __________ Schuhe von Lukas sind nass geworden. Am anderen Ufer sehen sie das alte, __________ Gartenhäuschen seiner Oma. Zum Glück ist das Fenster __________ offen. Maxi friert, er ist __________, deshalb klettern sie durchs Fenster hinein. Lukas wickelt Maxi zum Trocknen in eine __________ Decke. In Lukas' Hosentasche ist ein __________ Keks, den sie aufessen. Danach sind beide __________ und schlafen auf dem Sofa ein. Als sie wieder aufwachen, ist es dunkel, aber __________. Rasch gehen sie nach Hause.

Fremdwörter auf -ieren

S. 89

1. Markiere die Nomen zu den Verben auf -ieren.

K	O	M	B	I	N	A	T	I	O	N	F	G	W	I	L
O	B	R	O	K	V	D	I	R	I	G	E	N	T	N	Z
N	D	A	B	A	C	D	K	N	Q	T	D	W	U	A	D
T	R	P	L	F	M	I	K	O	M	P	O	N	I	S	T
R	E	P	A	R	A	T	U	R	P	H	T	E	R	V	K
O	S	L	M	I	R	I	R	U	N	W	S	B	U	N	Y
L	S	A	A	S	S	O	P	E	R	A	T	I	O	N	I
L	U	U	G	U	C	N	H	K	E	R	I	K	T	C	H
E	R	S	E	R	H	G	A	L	O	P	P	M	B	A	E

2. Schreibe die Nomen zur richtigen Bedeutung. Schreibe das Verb dazu.

Ein geplanter Spielzug im Sport:	die Kombination	kombinieren
Beifall:	der _ _ _ _ _ _ _	
Gangart eines Pferdes:	der _ _ _ _ _ _	
Eine Überprüfung:	die _ _ _ _ _ _ _ _ _	
Ein ärztlicher Eingriff unter Narkose:	die _ _ _ _ _ _ _ _ _	
Haartracht:	die _ _ _ _ _ _	
Schnelles Gehen im Gleichschritt:	der _ _ _ _ _ _	
Summe:	die _ _ _ _ _ _ _ _	
Training mit einem Tier:	die _ _ _ _ _ _ _	
Wenn jemand bloß gestellt wird:	die _ _ _ _ _ _ _	
Leiter eines Orchesters:	der _ _ _ _ _ _ _ _	
Behebung eines Schadens:	die _ _ _ _ _ _ _ _ _	
Erfinder von Melodien oder Liedern:	der _ _ _ _ _ _ _ _ _	
Heilbehandlung:	die _ _ _	

In der Seehundaufzuchtstation

S. 90

Als Malte wieder zu Hause ist, erzählt er seinem Freund von der Seehundaufzuchtstation:

1. Unterstreiche die Verben im Perfekt.
2. Schreibe die Verben in der Grundform auf und setze sie in die Gegenwart und ins Präteritum.

Grundform	Gegenwart (Präsens)	Vergangenheit	
		Präteritum	Perfekt
sehen	wir sehen	wir sahen	wir haben gesehen
			er hat gewogen
			sie haben gemacht
			sie haben gebracht
			sie haben gefüttert
			er hat zugenommen
			er ist geworden
			sie haben versorgt
			sie haben gepflegt
			sie haben gesehen

Gedicht – Weinbergschnecken

S. 90

1. Julia trägt Karin das Gedicht „Sieben freche Weinbergschnecken“ vor.
   Karin meint: „Aber das reimt sich doch gar nicht!“ – Was meinst du?

1. Sieben freche Weinbergschnecken
sind irgendwo gekrochen
unter hohen Rebenstecken
sind gar nicht froh gewesen.

2. Sieben freche Weinbergschnecken
haben oft vom Meer geträumt.
Doch alle weiten Reisestrecken
sind viel zu schwer erschienen.

3. Sieben freche Weinbergschnecken
sind froh im Nass gesessen.
Aus allen dunklen Wolkenecken
ist Regen gekommen – welch ein Spaß!

4. Sieben freche Weinbergschnecken
sind deshalb sitzen geblieben.
Warum so weite Reisestrecken?
Ihr Meer ist hier in Pfützen geflossen.

2. Unterstreiche die Verben im Perfekt und trage die Formen in die Tabelle ein.

Grundform	Gegenwart (Präsens)	Vergangenheit	
		Präteritum	Perfekt
kriechen	sie kriechen	sie krochen	sie sind gekrochen
			sie sind gewesen
			sie haben geträumt
			sie sind erschienen
			sie sind gesessen
			sie sind gekommen
			sie sind geblieben
			es ist geflossen

Gedicht – Weinbergschnecken

S. 90

3. Schreibe das Gedicht im Präteritum.
   Lies es laut. Was stellst du fest?

Sieben freche Weinbergschnecken

1. Sieben freche Weinbergschnecken
krochen irgendwo
unter hohen Rebenstecken
waren gar nicht froh.

2.

3.

4.

Fledermaus

S. 92

Fledermäuse haben bei uns zwei Wohnungen. Sie bevorzugen hohle Baumstämme, Dachböden oder Glockentürme als Sommerwohnung. Dort bringen sie ihre Jungen zur Welt. In Kellergewölben oder Burgruinen finden Fledermäuse ihre Winterwohnung. Dort halten sie ihren Winterschlaf.

1. Finde die zusammengesetzten Nomen und unterstreiche sie.
2. Schreibe die Nomen mit Artikel auf. Schreibe so:

der Baumstamm — der Baum — der Stamm

Fledermäuse sind nützliche Tiere. Sie fressen lästige Mücken und schädliche Käfer. In einer Nacht kann eine große Fledermaus bis zu 5000 Mücken fressen. Damit hilft die fleißige Fledermaus auch in der Land- und Forstwirtschaft. Einige Fledermausarten fressen jungen Pflanzensamen und helfen dadurch mit, die Samen zu verbreiten und sogar Wälder wieder aufzubauen.

3. Finde alle Adjektive und unterstreiche sie.
4. Schreibe die Adjektive mit den Vergleichsstufen auf:

nützlich — nützlicher als — am nützlichsten

Fledermaus

S. 92

Die Zwergfledermaus

Die Zwergfledermaus ist eine der kleinsten Fledermausarten.
Sie kommt in Europa sehr häufig vor.

Die Zwergfledermaus wird bis zu 4,5 cm groß.
Sie wiegt 3,5 g bis 7 g.

Das Fell ist am Rücken rotbraun.
Am Bauch ist es gelbbraun.

Die Zwergfledermaus frisst kleine Insekten.
Sie jagt diese an Gewässern oder am Waldrand.

Zwergfledermausweibchen schlafen in Gruppen.
Zwergfledermausmännchen schlafen einzeln.

1. Verbinde immer zwei Sätze mit „und“.

Fledermäuse leben auf allen Kontinenten der Erde.
Die Menschen wissen über Fledermäuse noch sehr wenig.
Wissenschaftler erforschen deshalb die Fledermäuse.
Fledermäuse fressen Insekten und Samen.
Eulen, Marder und Käuze jagen Fledermäuse.
Fledermausfreunde bauen Schlafplätze für die Fledermäuse.

2. Unterstreiche in den Sätzen die Prädikate **grün** und die Subjekte **gelb**.

Wir bauen ein Insektenhotel

S. 94, 95

Material
- eine leere, saubere Weißblechdose
- Schilf (gibt es als Matte im Baumarkt)
- Schnur oder Draht

Werkzeug
- große, stabile Schere
- Hammer
- großer Nagel

Kurzanleitung

○ In *mit Hammer und Nagel einige Löcher in den Boden der Dose* ____________

○ ten *Schilf mit der Schere auf die Länge der Dose* ____________

○ tel *mit der Schnur* ____________

○ ho *Schnur um die Dose* ____________*, wie auf der Zeichnung*

○ sek *Schilf in Bündeln in die Dose* ____________*, bis sie ganz voll ist*

1. Trage die Verben passend ein.

   schlagen · binden · füllen · abschneiden · aufhängen

2. Nummeriere die 5 Arbeitsschritte in der richtigen Reihenfolge.
   In dieser Reihenfolge ergeben die Silben das Lösungswort:

   1) ____ 2) ____ 3) ____ 4) ____ 5) ____ ____________

3. Schreibe eine ausführliche Anleitung ins Heft.
   - Vergiss die Überschrift nicht.
   - Führe auch das Material und die Werkzeuge auf.
   - Bilde mithilfe der 5 Arbeitsschritte vollständige Sätze. Ergänze ein Subjekt und achte auf die Personalform in der Gegenwart (Präsens).
   - Achte auf die Satzanfänge: zuerst, dann, danach, … zum Schluss.
   - Verwende treffende Adjektive, Verben und Nomen.

Wörterpuzzle

S. 97

1. Die beiden Puzzleteile bei jeder Nummer ergeben ein zusammengesetztes Nomen mit oo, aa und ee. Prüfe, ob du ein Verbindungs-(s) benötigst.

   Trage die zusammengesetzten Nomen an der entsprechenden Stelle in das Rätsel ein.

1)	eine Leitung für Flüssigkeiten	ein Wasserfahrzeug
2)	auf einem Kopf	um Dinge zusammenzuhalten
3)	ein Wasserfahrzeug	ein Gebäude
4)	ein großes Gewässer	keine Frau, sondern ein …
5)	ein großes Stück Stoff, um den Wind zu fangen	ein Wasserfahrzeug
6)	ein großes Gewässer	ein Dieb
7)	eine lange Holzstange, um ein Schiff anzutreiben	ein Wasserfahrzeug
8)	auf einem Kopf	ein Gerät zum Frisieren
9)	es wächst auf der Wiese	ein Teil einer Pflanze
10)	Haustiere, die bellen	auf deinem Kopf

2. Die markierten Kästchen aus Aufgabe 1 ergeben das Lösungswort:

   1) ☐ 2) ☐ 3) ☐ 4) ☐ 5) ☐ 6) ☐ 7) ☐ 8) ☐ 9) ☐ 10) ☐

   Lösungssatz: ______________________ schmecken gut.

3. Findest du noch weitere zusammengesetzte Nomen mit oo, aa, ee? Schreibe in dein Heft.

Tiere am Wasser – das Blässhuhn

S. 98, 99

Das Blässhuhn

___ Blässhuhn lebt an Teichen und Seen.

___ Gefieder ist schwarz. Auf ___ Stirn ist ein weißes Schild. Daher kommt ___ Name ___ Vogels: Blesse bezeichnet bei Tieren einen helleren Fleck auf ___ Stirn.

___ Blässhuhn ist ein guter Schwimmer, auf und unter ___ Wasser. Mit ___ kräftigen Beinen und ___ Schwimmlappen an ___ Zehen kann ___ Blässhuhn damit bis zu ___ Pflanzen am Wassergrund tauchen.

1. Setze die passenden Artikel ein. Folgende Artikel kommen vor, verwende sie mehrmals: der, das, des, dem, den.
2. Ein Wort passt nicht in die Reihe. Streiche durch.

Luft – Wasser – groß – Nest – Brüter

starten – streiten – bleibt – kommen

der – die – ein – das – den

landete – kam – läuft – stritt

fliegen – segeln – laufen – schweben

fleißig – trägt – emsig – groß – süß

3. Findest du weitere passende Wörter für die Reihen? Schreibe auf.

Graureiher, Rotkehlchen, Amsel,

Tulpe, Rose, Veilchen,

groß, weiß, süß,

heißen, grüßen, versüßen,

Fluss, Bach, Teich,

schwimmt, fliegt, geht,

Der Teichmolch

Die Teichmolche gehören zur Familie der Molche. Sie sind schlank und haben einen Schwanz, der seitlich zusammengedrückt ist.
Sie werden 9,5 bis 11 cm lang. Über den Kopf verlaufen fünf bis sieben dunkle Streifen. Sie können bis zu 10 Jahre alt werden. Von Herbst bis Frühjahr leben die Teichmolche auf dem Land. Im Frühjahr wandern sie in Teiche und Tümpel und pflanzen sich dort fort.
Teichmolche sind wechselwarme Tiere. Ihre Körpertemperatur hängt von der Temperatur der Umgebung ab. Ist es kalt, sind sie steif, ist es warm, steigt ihre Körpertemperatur und sie bewegen sich wieder.
Teichmolche leben fast in ganz Europa. Sie mögen sonnige Gewässer mit vielen Wasserpflanzen. Sie halten sich am liebsten in den oberen, von der Sonne erwärmten Schichten eines Teiches auf.

Teichmolche haben viele Feinde: Fische und Vögel wie Störche und Reiher. Auch größere Molcharten fressen Teichmolche und ihre Larven.
Das Weibchen legt über mehrere Wochen bis zu 300 Eier ab. Nach drei bis fünf Wochen schlüpft die Molchlarve.
Teichmolche fressen an Land Würmer, Schnecken und kleine Insekten.
Im Wasser ernähren sie sich von Wasserflöhen und kleinen Krebsen.
Sie gehören zu den geschützten Arten. Deshalb darf man sie nicht fangen und mitnehmen.

1. Unterstreiche die Informationen, die zu den Oberbegriffen passen, in der jeweiligen Farbe. Verwende ein Lineal.
2. Schreibe einen Steckbrief mit den Oberbegriffen in dein Heft.

Aus 2 mach 1

S. 103

1. Bilde zusammengesetzte Nomen aus zwei Nomen. Denke an das Verbindungs-(s).

1. Nomen

2. Nomen

Regenwurm,

2. Bilde zusammengesetzte Nomen aus einem Adjektiv und einem Nomen.

Adjektive

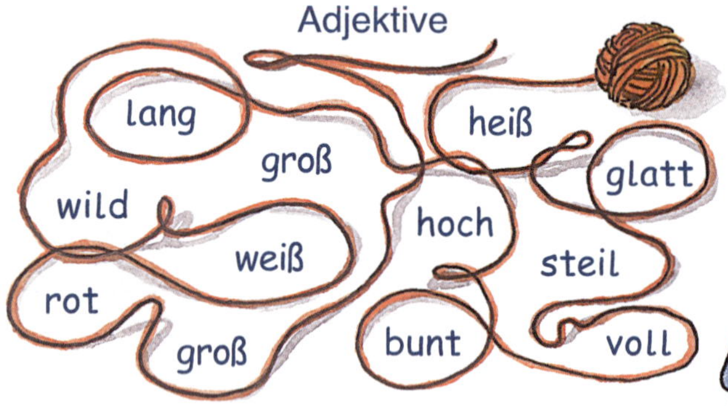

Nomen

3. Bilde zusammengesetzte Nomen aus einem Verb und einem Nomen.

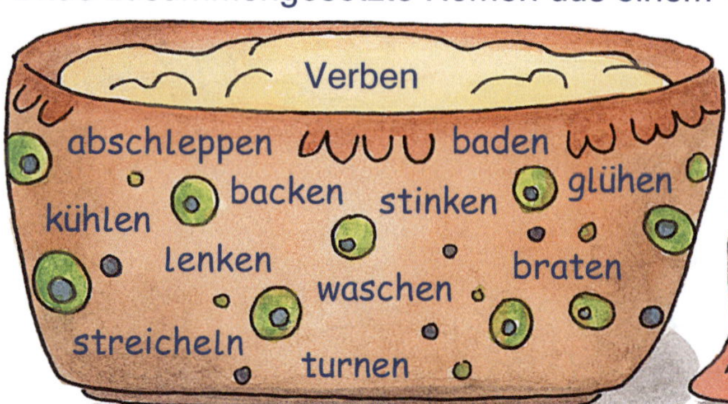

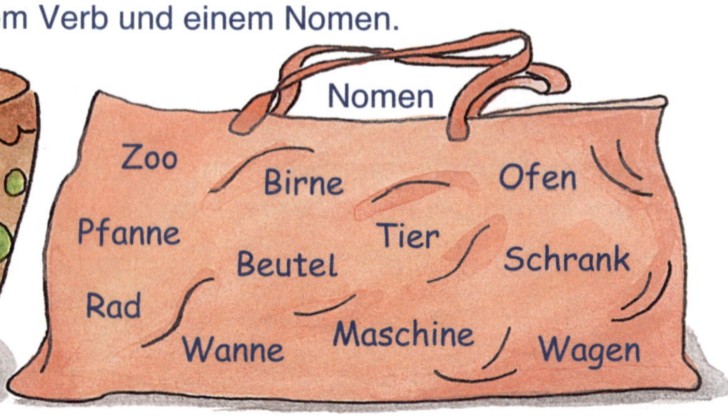

Rekordflieger unter sich

S. 103

Mauersegler

Alter: 10 Jahre
Länge: 20 cm
Gewicht: 40 g
Maximale Fluggeschwindigkeit: 200 km/h

Wanderfalke

Alter: 18 Jahre
Länge: 35 cm
Gewicht: 600 g
Maximale Fluggeschwindigkeit: 300 km/h

Ringeltaube

Alter: 15 Jahre
Länge: 40 cm
Gewicht: 500 g
Maximale Fluggeschwindigkeit: 160 km/h

Strauß

Alter: 70 Jahre
Länge: 3 m
Gewicht: 100 kg
Maximale Fluggeschwindigkeit: 72 km/h

Wanderalbatros

Alter: 50 Jahre
Länge: 120 cm
Gewicht: 8 kg
Maximale Fluggeschwindigkeit: 56 km/h

Gänsegeier

Alter: 35 Jahre
Länge: 105 cm
Gewicht: 5 kg
Maximale Fluggeschwindigkeit: 120 km/h

1. Auf den Karten findest du Vogel-Steckbriefe. Trage die Angaben in die Tabelle ein.

Name	Alter Jahre	Länge cm	Gewicht kg	Geschwindigkeit km/h

2. Betrachte die Tabelle mit den verschiedenen Angaben.
   Formuliere Fragen und Antworten.

Reizwortgeschichte

S. 104, 105

1. Finde jeweils Begriffe zu den Reizwörtern.

A

B

2. Wähle die Reizwörter von A oder B für eine Geschichte aus.
3. Notiere dir zu jeder Gedankenblase die passenden Informationen.

Personen:

Ort (Beschreibung):

Zeit – Zeitpunkt:

Höhepunkt:

Reizwortgeschichte

S. 104, 105

4. Schreibe die Geschichte in Stichworten auf. Im Kasten findest du ein Beispiel für B.

- Anne und Mario im Wald
- dunkle Wolken ziehen auf
- Waldhütte
- Regen
- Geräusch
- Erschrecken
- nasser Hund in der Ecke
- Hundehalsband mit Telefonnummer
- Sonne kommt heraus
- zurück nach Hause mit Hund
- Hundebesitzer anrufen

5. Finde passende Adjektive zu den Nomen in deiner Geschichte.
   Zum Nomen „Nachmittag“ passen z. B. die Adjektive „sonnig“, „warm“ oder „freundlich“.
   Die Adjektive in der Wolke helfen dir dabei.
   Schreibe deine Nomen und die passenden Adjektive in die Tabelle.

Nomen	Adjektive

unheimlich
schrecklich
geheimnisvoll
fröhlich dunkel
zugewachsen
tropfnass staubig
verwinkelt
düster freundlich
fürchterlich
furchterregend
mutig seltsam
hell erschrocken
ängstlich traurig
erleichtert

6. Schreibe deine Geschichte in das Heft.
   Vergiss nicht, dass die Personen auch etwas sagen.

Pippi auf Taka-Tuka

S. 110

1. Schreibe die Sätze richtig und mit Begleitsatz auf. Verwende für die Begleitsätze die Wörter aus dem Wasser. Denke an die Satzzeichen.

Momo fragt: „Wollt ihr mit uns spielen?“

Pippi erwidert: „Klar! Was wollt ihr spielen?“

Im Zoo

Die Klasse 3a im Zoo

1. Schreibe zu jedem Fächer zwei Sätze.

a) Max und Tim suchen

2. Warum kann man diesen Satz nicht umstellen? Begründe.

Alle Besucher | betrachten | die Tiere | in ihrem Gehege.

Im Tower in London

S. 112

1. Im Bild sind viele Nomen. Setze sie zusammen.
   Der Artikel des zusammengesetzten Nomens richtet sich immer nach dem letzten Wort!
   Die Anfangsbuchstaben helfen dir. Schreibe so:

die Krone + die Juwelen = die Kronjuwelen

K ______ + K ______ = ______

R ______ + F ______ = ______

F ______ + A ______ = ______

G ______ + W ______ = ______

B ______ + Z ______ = ______

K ______ + S ______ + B ______ =

______

2. Findest du noch weitere Wörter?
   Schreibe sie genauso in dein Heft.

Im Kolosseum in Rom

S. 113

Julia und Jakob sind in Rom.
Sie unterhalten sich über das, was sie im Kolosseum gesehen haben.

1. Schreibe die Verben aus dem Busch passend in die großen Schreibzeilen.

Julia ____________ ___ *Das Bauwerk ist riesengroß* ___

Jakob ____________ ___ *Ja, das hätte ich gar nicht gedacht* ___ *Allein der Eingang ist haushoch* ___ *Julia* ____________ ___ *Hast du dir überlegt, wie todesmutig die Gladiatoren gewesen sein müssen* ___

Jakob ____________ ___ *Ich hätte das nicht gekonnt* ___ *Außerdem waren sie auch bärenstark* ___ *Sie kämpften gegen Tiere mit messerscharfen Zähnen und mussten blitzschnell reagieren* ___ *Julia* ____________ ___ *Wie konnten die Menschen ohne Maschinen diese Bauwerke errichten* ___ *Das war bestimmt mühevoll* ___

Jakob ____________ ___ *Ohne Kräne und Bagger war die Arbeit sicherlich sehr schweißtreibend* ___

2. Trage die Satzzeichen richtig in die kleinen Schreibzeilen ein.
3. Finde die zusammengesetzten Adjektive im Text. Unterstreiche sie und schreibe sie zur passenden Erklärung.

hoch wie ein Haus: ____________

schnell wie ein Blitz: ____________

stark wie ein Bär: ____________

groß wie ein Riese: ____________

scharf wie ein Messer: ____________

treibt den Schweiß heraus: ____________

mutig bis zum Tod: ____________

voller Mühe: ____________

Mein besonderer Platz

S. 114

auf dem alten Dachboden | von Mutters Haus | viele Kammern | waren

ein Brett | beim Schornstein | in der Kammer | lose | war

dahinter | ein kleiner Raum | befand sich | mit Fenster

ein | richtete ich | mein Lieblingsversteck | dort

1. Jan ist bei seiner Oma zu Besuch.
   Von seiner Mutter hat er eine Beschreibung ihres Lieblingsverstecks bekommen.
   Bilde richtige Sätze und schreibe so:

   Auf dem alten Dachboden von Mutters Haus

   waren

2. Jan erzählt Malte und Julia von seinem Versteck.
   Schreibe so:

   „Auf dem alten Dachboden von Omas Haus

   sind

3. Besprecht den Unterschied zwischen den Texten von Aufgabe 1 und 2.

S. 115

Erinnere dich an die Häuschen:

1. Trage die Wörter aus den Wolken in die Tabelle ein:

zweisilbiges Wort als Hilfe	ie-Wörter	i-Wörter	zweisilbiges Wort als Hilfe	ie-Wörter	i-Wörter
Winde		Wind			
fliegen	fliegt				

2. Wörter mit mehr als zwei Silben werden nur mit i geschrieben.
Welches Wort ist gemeint? Schreibe mit dem passenden Artikel.
Die Silben im Duschvorhang helfen dir.

anderes Wort für Orange: Ap

anderes Wort für Geige:

Streichfett, statt Butter:

anderes Wort für Vorhang:

eine getrocknete Weintraube:

der Umkleideraum für Sportler:

große Masse Schnee und Eis, die den Berg hinabstürzt:

Wie lautet der Artikel bei jedem dieser Wörter?

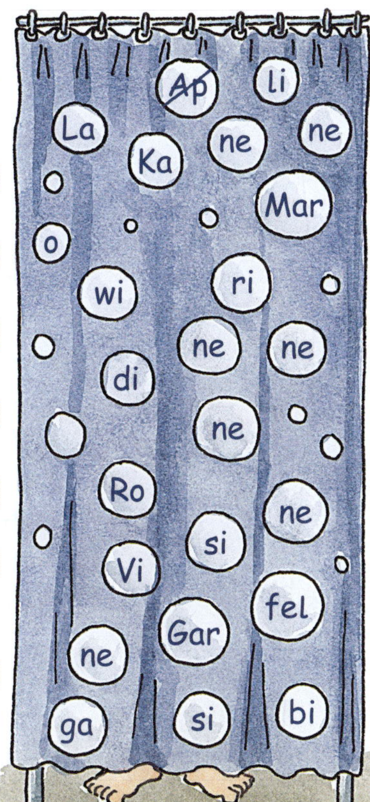

Zeitplan Zeltlager

S. 116

Malte und Julia waren mit den Pfadfindern im Zeltlager.
Sie bringen ihren Zeitplan mit nach Hause.

1. Schreibe die Nomen aus dem Zelt in den Zeitplan.

Zeitplan Zeltlager

Freitag: 14 Uhr Ankunft am Lagerplatz
15 Uhr ______ der Zelte
16 Uhr ______ von Kochstelle und Lagerfeuer
dann: ______ der Dienste
18 Uhr Abendessen und Spülen
19 Uhr Lagerfeuer

Samstag: 9 Uhr ______ zum Wildpark
12 Uhr ______ des Spielenachmittags
13 Uhr Mittagessen
14 Uhr Spielenachmittag
17 Uhr ______ der Holzschiffchen
18 Uhr Abendessen und spielen
19 Uhr ______ am Lagerfeuer

Sonntag: 9 Uhr ______ des Lagers
11 Uhr ______ der Schiffe
13 Uhr Mittagessen
14 Uhr Gemeinsamer ______
15 Uhr ______

Medien

S. 118

1. In den Sätzen sind viele Wiederholungen.
   Schreibe die Sätze auf, indem du Pronomen (sie, seine, ihm, ihre) verwendest.

a) **Sina** sitzt jeden Nachmittag an ihrem Computer.
Sina sucht interessante Seiten über Tiere.

b) **Malte und Jan** spielen am Computer.
Maltes und Jans Lieblingsspiele sind Rennspiele.

c) Oft schmökert **Florian** in einem Buch.
Florians Lieblingsbücher sind Kriminalgeschichten.

d) **Lisa** liebt den **MP3-Player**.
Im Bus hört **Lisa** mit **dem MP3-Player** Geschichten und Musik.

2. Wenn man mit Erwachsenen spricht, verwendet man die Höflichkeitsformen „Sie“, „Ihr“, „Ihre“, „Ihren“, „Ihnen“.
   Lisa spricht mit ihrer Lehrerin. Schreibe die Sätze in der Höflichkeitsform.

a) Was ist dein Lieblings-Medium?

b) Schaust du gar nicht Fernsehen?

c) Und deine Kinder? Haben deine Kinder ein Handy?

Die haben es aber gut!

Brief an Frau Wagner

S. 118

1. Markiere die Pronomen.
2. Schreibe den Brief richtig in der Höflichkeitsform. Denke daran, dass sich oft auch das Verb verändert, z. B. du kannst – Sie können.

Mittelstadt, den 27.05.

Liebe Frau Wagner,

ich bin froh, dass ich bei dir in der Klasse bin. Du kannst so gut erklären. Und deine Bilder an der Tafel finde ich richtig schön. Ich hoffe, wenn ich groß bin, lerne ich auch so gut malen, wie du.
Du hast gesagt, dass wir Bücher lesen sollen. Magst du kein Fernsehen? Wo hast du denn deine Bücher? Da hast du bestimmt ein riesiges Regal.

Viele Grüße

deine Jasmin

Mittelstadt, den ____________

Medien vergleichen

3. Vergleiche die Medien (grün) und begründe deine Entscheidung wie Lukas und Leni. Im Bildschirm findest du mögliche Sätze (blau).

Mediensteckbrief

S. 120

1. Fülle den Mediensteckbrief über dich aus.

Mein Mediensteckbrief

Name: ______ Alter: ______

Mein Lieblingsfilm: ______

Meine Lieblingsserie: ______

Sendungen, die ich gar nicht gerne sehe:

______

Filme oder Sendungen, die ich zu Hause nicht sehen darf:

______

Meistens schaue ich fern mit: *(du darfst auch mehrere Kreuze machen)*

- ☐ alleine
- ☐ mit Geschwistern
- ☐ mit Vater oder Mutter
- ☐ mit Freunden
- ☐ mit anderen Verwandten

Diese Medien nutze ich oft: *(du darfst auch mehrere Kreuze machen)*

- ☐ Bücher
- ☐ Fernseher
- ☐ Radio
- ☐ Computer
- ☐ CD-Player/MP3-Player
- ☐ Handy
- ☐ Sonstiges: ______

Diese Medien nutze ich selten oder nie: *(du darfst auch mehrere Kreuze machen)*

- ☐ Bücher
- ☐ Fernseher
- ☐ Radio
- ☐ Computer
- ☐ CD-Player/MP3-Player
- ☐ Handy
- ☐ Sonstiges: ______

2. Stelle einem Partner Fragen zu seinem Mediensteckbrief. Frage zum Beispiel so:
   Was ist deine Lieblingsserie? Welche Sendungen siehst du nicht so gerne?
3. Stelle deinen Partner anhand seines Mediensteckbriefes der Klasse vor.
   Julias Lieblingsfilm ist ... Sie sieht am liebsten ...

Medienkonsum

S. 121

1. Schreibe die wörtliche Rede mit einem Redebegleitsatz auf.
Die Wörter im Bildschirm helfen dir. Vergiss die passenden Satzzeichen nicht!

Die Mutter ruft: „Pit, komm bitte zum Frühstück!“

2. So geht die Geschichte weiter.
Unterstreiche die Redebegleitsätze **grün** und die wörtliche Rede **rot**.
Trage in die Lücken die passenden Satzzeichen ein (: . ! ? „ “).

Am nächsten Tag hat Pit Kopfschmerzen ___ Seine Mutter meint ___ Geh ein bisschen an die frische Luft ___ Dann wird es gleich besser ___ Pit geht nach draußen ___ Dort trifft er seine Freunde beim Fußballspielen. Sie rufen ___ Toll, dass du doch noch gekommen bist ___ Pit rennt mit den anderen über den Platz ___ Er brüllt begeistert ___ Das macht richtig Spaß ___ Als es langsam dunkel wird, gehen sie nach Hause. Pit erzählt seinen Eltern ___ Ich habe mit den anderen Fußball gespielt ___ Das war toll ___ Mutter fragt ___ Und was ist mit deinen Kopfschmerzen ___ Pit meint nur ___ Welche Kopfschmerzen ___ Darf ich morgen wieder raus ___ Natürlich sind die Eltern gerne einverstanden ___

Satzarten

S. 125

Oft kann man denselben Satz als Aussagesatz, Fragesatz oder Ausrufesatz schreiben.

1. Bilde drei verschiedene Sätze wie im Beispiel.

a)

jeden Morgen | in die Schule | Malte | gehen

Geht Malte jeden Morgen in die Schule?

Malte geht jeden Morgen in die Schule.

Malte, geh jeden Morgen in die Schule!

b)

Karin | bei der Arbeit | Tom | helfen

c)

bringen | sein Heft | Timo | der Lehrerin

d)

ihre Hände | waschen | vor dem Essen | Julia

2. Finde selbst weitere Sätze und schreibe sie in dein Heft.
   Gib deine Purzelsätze auch deinem Partner. Kann er auch drei Satzarten bilden?

Frühling – Wir schreiben ein Rondell

S. 128

Ein Rondell ist ein Gedicht, das aus acht Zeilen besteht.
Einige Zeilen wiederholen sich nach einem festen Schema.

Überschrift	*Frühlingserwachen*
1. Zeile: Hinführung	*Die Natur erwacht.*
2. Zeile: Satz 2	*Ich habe den Frühling im Sinn.*
3. Zeile: beliebiger Satz	
4. Zeile: Satz 2	*Ich habe den Frühling im Sinn.*
5. Zeile: beliebiger Satz	
6. Zeile: beliebiger Satz	
7. Zeile: Satz 2	*Ich habe den Frühling im Sinn.*
8. Zeile: Ausblick	*Farbenprächtige Natur, süße Düfte wecken die Lust nach Wärme.*

1. Schreibe drei passende Sätze in das Rondell.
2. Erfinde selbst ein Rondell zum Frühling und stelle es in der Klasse vor.

Überschrift	
1. Zeile: Hinführung	
2. Zeile: Satz 2	
3. Zeile: beliebiger Satz	
4. Zeile: Satz 2	
5. Zeile: beliebiger Satz	
6. Zeile: beliebiger Satz	
7. Zeile: Satz 2	
8. Zeile: Ausblick	

Sommer – Wir schreiben ein Avenida

S. 133

Ein Avenida ist ein Wortgedicht, das aus sieben Zeilen besteht. Es ist aus 4 Nomen und dem Wörtchen „und“ nach diesem Schema aufgebaut:

1. Zeile: Wort 1 — *Sommer*

2. Zeile: W 1 und W 2 — *Sommer und Ferien*

3. Zeile: W 2 — ____________

4. Zeile: W 2 und W 3 — ____________

5. Zeile: W 1 — *Sommer*

6. Zeile: W 1 und W 2 und W 3 — ____________

7. Zeile: W 4 — *Sommerzeit*

1. Vervollständige das Gedicht.
   Das 3. Wort musst du selbst ergänzen.
2. Erfinde selbst ein Avenida zum Sommer.
   Du kannst es auch in Englisch oder einer anderen Sprache versuchen.

1. Zeile: Wort 1 — ____________

2. Zeile: W 1 und W 2 — ____________

3. Zeile: W 2 — ____________

4. Zeile: W 2 und W 3 — ____________

5. Zeile: W 1 — ____________

6. Zeile: W 1 und W 2 und W 3 — ____________

7. Zeile: W 4 — ____________

3. Stellt eure Gedichte in der Klasse vor.

Herbst – Wir schreiben ein Elfchen

S. 137

Das Elfchen ist ein Gedicht aus 11 Wörtern und einem festen Bauplan.
Es beschreibt einen Gegenstand oder ein Lebewesen
aus der persönlichen Sicht des Schreibers.

1. Ergänze die drei Elfchen. In jede Schreiblinie gehört 1 Wort.
   Die Wörter im Weinstock helfen dir.

Stachelig
der Igel
unten im ______
wie eifrig er ______
______

Flink
das ______
oben im ______
wie geschickt es ______
______

Reif
die ______
Frucht der ______
süß schmeckt ihr ______
______

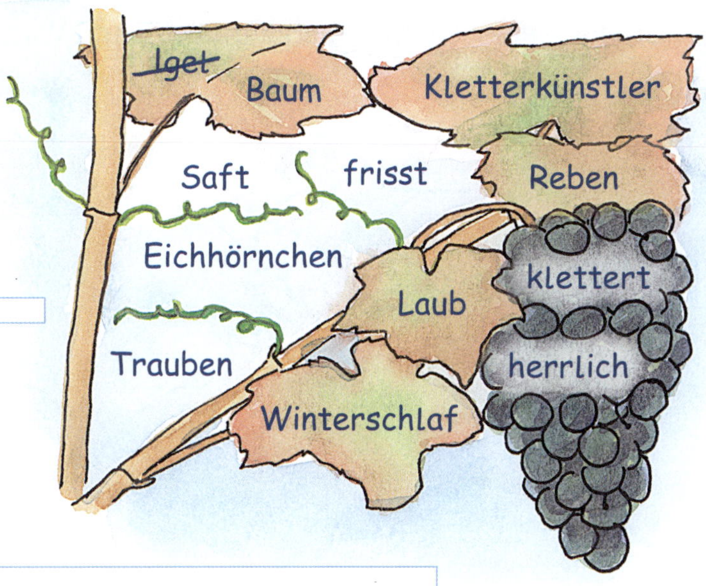

2. Erfinde selbst ein Elfchen zum Herbst
   und stelle es in der Klasse vor.

1.Zeile: 1 Wort ______

2.Zeile: 2 Wörter ______

3.Zeile: 3 Wörter ______

4.Zeile: 4 Wörter ______

5.Zeile: 1 Wort ______

Winter – Wir schreiben ein Schneeballgedicht

S. 141

Ein Schneeballgedicht besteht aus neun Zeilen und einer Überschrift.
In Zeile 1 steht 1 Wort. Bis Zeile 5 kommt immer eines hinzu, dann je ein Wort weniger.
Zum Schluss wird eine passende Überschrift darüber geschrieben.

Überschrift ____________________

1. Zeile: 1 Wort — *Winter*
2. Zeile: 2 Wörter — *Am See*
3. Zeile: 3 Wörter — *Es wird kälter*
4. Zeile: 4 Wörter — *Wann trägt das Eis*
5. Zeile: 5 Wörter — *Schlittschuhe gleiten über das Eis*
6. Zeile: 4 Wörter — ____________________
7. Zeile: 3 Wörter — *Es wird dunkel*
8. Zeile: 2 Wörter — ____________________
9. Zeile: 1 Wort — *Glücklich!*

1. Ergänze die fehlenden Zeilen und finde dann eine passende Überschrift.
2. Erfinde selbst ein Schneeballgedicht zum Winter und stelle es in der Klasse vor.

Überschrift ____________________

1. Zeile: 1 Wort ____________________
2. Zeile: 2 Wörter ____________________
3. Zeile: 3 Wörter ____________________
4. Zeile: 4 Wörter ____________________
5. Zeile: 5 Wörter ____________________
6. Zeile: 4 Wörter ____________________
7. Zeile: 3 Wörter ____________________
8. Zeile: 2 Wörter ____________________
9. Zeile: 1 Wort ____________________